MELHORES
POEMAS

*Lêdo
Ivo*

Direção
EDLA VAN STEEN

MELHORES
POEMAS

Lêdo Ivo

Seleção
SERGIO ALVES PEIXOTO

© Lêdo Ivo, 1983
4ª EDIÇÃO, GLOBAL EDITORA, SÃO PAULO 2001
1ª REIMPRESSÃO, 2012

Diretor Editorial
JEFFERSON L. ALVES

Gerente de Produção
FLÁVIO SAMUEL

Revisão
ANA MARIA G. SANTOS
MARIA F. C. N. PEREIRA
VIRGINIA A. THOMÉ

Projeto de Capa
VICTOR BURTON

Dados Internacionais de Catalogação na Publicação (CIP)
(Câmara Brasileira do Livro, SP, Brasil)

Ivo, Lêdo, 1924-
  Melhores poemas Lêdo Ivo / Seleção de Sergio Alves Peixoto – 4. ed. – São Paulo: Global, 2001. – (Melhores poemas ; 2)

ISBN 978-85-260-0292-0

1. Poesia brasileira. I. Peixoto, Sergio Alves. II. Título. III. Série.

98-2767   CDD-869.915

Índices para catálogo sistemático:

1. Poesia : Século 20 : Literatura brasileira   869.915
2. Século 20 : Poesia: Literatura brasileira   869.915

Direitos Reservados

GLOBAL EDITORA E
DISTRIBUIDORA LTDA.
Rua Pirapitingui, 111 – Liberdade
CEP 01508-020 – São Paulo – SP
Tel.: (11) 3277-7999 – Fax: (11) 3277-8141
e-mail: global@globaleditora.com.br
www.globaleditora.com.br

Obra atualizada conforme o
Novo Acordo Ortográfico da Língua Portuguesa

Colabore com a produção científica e cultural.
Proibida a reprodução total ou parcial desta obra
sem a autorização do editor.

Nº DE CATÁLOGO: **1409**

Sergio Alves Peixoto nasceu no Rio de Janeiro. É Mestre e Doutor em Literatura Brasileira pela Universidade Federal do Rio de Janeiro, onde foi professor até 1983. Atualmente é Professor na Universidade Federal de Minas Gerais. Foi Leitor Brasileiro nas Universidades de Toulousse, Nantes e Maître de Conférences Invité na Universidade de Toulousse. Publicou, em 1991, um livro de poemas intitulado *Esfinge fácil* e tem no prelo um livro sobre a poesia de Mario Quintana e outro intitulado *A consciência criadora na poesia brasileira:* do Barroco ao Simbolismo.

A POESIA DE LÊDO IVO, OU UMA TEORIA DE PÁSSAROS

A visão de Alceu Amoroso Lima sobre a geração que surgiu no Brasil em torno de 1945, e que foi por ele denominada de "Neomodernismo", continua até hoje criticamente insuperada: os novos escritores não se opuseram aos valores modernistas, transformaram--nos em elementos de uma nova linguagem literária, em que o sentido formal e universal da poesia predominou sobre os temas de identificação nacional que vinham da década de 1920 e já se mostravam bastante desgostados no fim dos anos 1930. A diferença de natureza de linguagem, e não a da simples cronologia, é que passa a contar no pensamento estético dos novos escritores, os quais, sem deixar de lado a liberdade criadora, conquistada pelos primeiros modernistas, se impuseram à concepção da arte e da literatura como disciplina e como organização consciente, embora sob a força encantatória da linguagem. O verso, mais do que o poema, se revestia de unidade rítmica, tornando-se o elemento fundador do poema, objeto possível do sortilégio verbal, como na expressão de Matila Ghyka.

A poesia de Lêdo lvo surge exatamente nesse momento de grande transformação da inteligência brasileira. Seu primeiro livro, *As imaginações*, é de

1944; *Ode e elegia* é de 1945; *Acontecimento do soneto* e *Ode ao crepúsculo* são de 1948. A partir daí se desdobra uma das mais lúcidas e coerentes produções da poesia brasileira na atualidade.

E o poeta continua sempre surpreendente e pondo em prática sua teoria de pássaros, de que fala no poema "O voo dos pássaros": essa escolha pelo ir e vir sem estradas, sem hora, tendo como única regra a liberdade e a amplidão, o momento presente:

*Nada imaginei que pudesse ser admitido
pelos que não entendem uma teoria de pássaros.*

Esta seleção de poemas, distanciada da rigidez e talvez da ilusão do critério cronológico, revela essa crença na ausência de caminhos demarcados, que só o ar nos permite e à qual a liberdade de voo nos convida. Nela há poemas que se encontram juntos, mas publicados em épocas e livros diferentes. É porque estão unidos no homem e no poeta que os criou, no mesmo tempo e eternamente.

Assim, aventuro-me, cheio de surpresa – e isso, para mim, é fundamental em poesia –, ao voo dos pássaros de Lêdo Ivo, vendo, lado a lado, por exemplo, o longo e exato "Os pobres na estação rodoviária", de *A noite misteriosa*, e o curto e conciso "Soneto de abril", de *Acontecimento do soneto*: um, moderno na forma e nos versos livres; outro, preso à tradição da forma fixa; um, de cunho social; outro, essencialmente lírico-amoroso; um, de 1982; e o outro, de 1946. Leitores mais propensos a buscarem em antologias uma espécie de mapa do tão decantado "amadurecimento artístico" de determinado autor se sentirão desafiados diante das possibilidades dos poemas. E tentarão se acostumar com a liberdade dos pássaros, com sua disponibilidade. Há uma determinada lógica na disposição dos poemas na antologia. Em *Confissões do poeta*, Lêdo Ivo nos informa que seus poemas "reunidos formam uma autobiografia. Compõem a história de (sua) vida secreta – uma existência transformada em sinais que exige uma leitura atenciosa, como a dos códigos e semáforos". Entretanto, como dar a conhecer o segredo dessa vida se não com toda sua complexidade, com toda a liberdade que a "lógica dos pássaros" lhe inspira? Leiam "O navio cheio de bananas", de *Magias*, e a "Valsa fúnebre de Hermengarda", de *As imaginações*, e atestem se não há mais mistérios na poesia e no poeta do que sonha a nossa vã crítica literária. Como podemos afirmar que o poeta é aquele do verso contido e das imagens fulgurantes, quando ele domina lucidamente a força do verso livre, a liberdade das emoções e o "romantismo" melancólico e angustiado extravasado no poema a Hermengarda?

Os dois poemas são belos na força da linguagem em que se traduzem, e é só. E isso basta, porque isso é tudo. São eles frutos de um poeta que diz ter um "ritmo longo demais" para louvar a Poesia ("A infância redimida", do livro *Cântico*), ritmo esse facilmente percebido na leitura de determinadas odes, mas que, também, aceita a canção, como a da chuva, essa que, intimista, recusa a grandiosidade desmedida:

A chuva tem uma canção. Jamais uma elegia
para saudar sua gentileza. Jamais uma ode,
um himeneu, uma écloga deploratória.

Meu irmão, deixe que a goteira molhe tuas últimas poesias. Pouco importa que amanhã te reconcilies com os grandes temas poéticos. O amanhã é inconsumível. A chuva te ensina a ser invariável sem se repetir.
("A chuva sobre a cidade", Cântico)

Ao amanhã, o poeta prefere o hoje. O voo do pássaro e do poeta querem o agora, seja ele o do amor à forma, ao qual se refere no poema "O usurpador", de *Finisterra* ("Ó amor da forma, meu verdadeiro amor"), ou o culto do inefável ("Descoberta do inefável", de *Ode e elegia*).

Como o gavião, que desafia os invasores de sua aérea propriedade, no belíssimo poema "Os proprietários", o poeta parece desafiar a crítica e os leitores dogmáticos:

> Quem é este intruso que ousa perturbar-me
> no meu sono sinuoso ou na vigília perpétua?
> [...]
> A quem pertence esta terra? Quem é o dono
> desta casa fechada, da água e das florestas?
> Que cartório registrou a escritura deste ar?
> Homem e gavião disputam o mesmo domínio.
> Ambos são aves de rapina, voando nas trevas
> ou imóveis na entrada da propriedade intocável
> que teme o clarão de uma luz importuna.
> (Mar oceano)

Para o crítico português Eugênio Lisboa,

A obra de Lêdo Ivo, um dos grandes nomes da poesia brasileira de hoje ou, mais simples e justamen-

te, da literatura em língua portuguesa de hoje, é a prova esplendorosa e provocadoramente conclusiva de que a grande e profunda poesia pode coexistir com uma quase ofuscante clareza de articulação verbal. [...] Na poesia de Lêdo Ivo, o despojamento é um dos vactores possíveis, mas não o único orientador de um vasto espectro de tentações. O que torna a sua poesia um caso fascinante é precisamente a tensão nunca resolvida e por isso continuamente dinâmica entre o caudaloso e rigorosamente medido e despojado.

Poeta e pássaro. Uma teoria da posse da palavra e do ar. Uma teoria da rapinagem, também. Os dois roubam o alimento com a lucidez do olhar, a presteza do voo e o acaso do momento. Hoje e sempre. Sem datas nem registro poético ou de cartório. Então, que o leitor e o crítico vivam, por exemplo, a beleza das imagens eróticas do bastante bem-humorado "Soneto cor-de-rosa", de *Finisterra*, onde, nos corpos dos amantes, "os fogos escorrem como rios/entre a rósea bainha e a ardida espada", ou a pureza da criança, quando a cor e o tempo se fundem na retina ao ver que "O instante abre o seu leque: é a plumagem/da arara oculta sem sua própria imagem" ("O menino no jardim zoológico, de *Estação central*).

Que a nossa leitura da presente antologia se confunda com essa teoria de pássaros de que nos fala o poeta. Boa viagem nas asas dessa emoção fantástica que os sinais e os semáforos de Lêdo Ivo sabem, como poucos, traduzir.

Sergio Alves Peixoto

Nosso ofício é fazer a vida.
Fazer a flor e respirá-la.

Lêdo Ivo

OS POBRES NA ESTAÇÃO RODOVIÁRIA

Os pobres viajam. Na estação rodoviária
eles alteiam os pescoços como gansos para olhar
os letreiros dos ônibus. E seus olhares
são de quem teme perder alguma coisa:
a mala que guarda um rádio de pilha e um casaco
que tem a cor do frio num dia sem sonhos,
o sanduíche de mortadela no fundo da sacola,
e o sol de subúrbio e poeira além dos viadutos.
Entre o rumor dos alto-falantes e o arquejo dos ônibus
eles temem perder a própria viagem
escondida na névoa dos horários.
Os que dormitam nos bancos acordam assustados,
embora os pesadelos sejam um privilégio
dos que abastecem os ouvidos e o tédio dos psicana-
[listas
em consultórios assépticos como o algodão que
tapa o nariz dos mortos.
Nas filas os pobres assumem um ar grave
que une temor, impaciência e submissão.
Como os pobres são grotescos! E como os seus odores
nos incomodam mesmo à distância!
E não têm a noção das conveniências, não sabem
portar-se em público.
O dedo sujo de nicotina esfrega o olho irritado

que do sonho reteve apenas a remela.
Do seio caído e túrgido um filete de leite
escorre para a pequena boca habituada ao choro.
Na plataforma eles vão e vêm, saltam e seguram
malas e embrulhos,
fazem perguntas descabidas nos guichês, sussurram
palavras misteriosas
e contemplam as capas das revistas com o ar espantado
de quem não sabe o caminho do salão da vida.
Por que esse ir e vir? E essas roupas espalhafatosas,
esses amarelos de azeite de dendê que doem
na vista delicada
do viajante obrigado a suportar tantos cheiros incô-
[modos,
e esses vermelhos contundentes de feira e mafuá?
Os pobres não sabem viajar nem sabem vestir-se.
Tampouco sabem morar: não têm noção do conforto
embora alguns deles possuam até televisão.
Na verdade os pobres não sabem nem morrer.
(Têm quase sempre uma morte feia e deselegante.)
E em qualquer lugar do mundo eles incomodam,
viajantes importunos que ocupam os nossos lugares
mesmo quando estamos sentados e eles viajam de pé.

SONETO DE ABRIL

Agora que é abril, e o mar se ausenta,
secando-se em si mesmo como um pranto,
vejo que o amor que te dedico aumenta
seguindo a trilha de meu próprio espanto.

Em mim, o teu espírito apresenta
todas as sugestões de um doce encanto
que em minha fonte não se dessedenta
por não ser fonte d'água, mas de canto.

Agora que é abril, e vão morrer
as formosas canções dos outros meses,
assim te quero, mesmo que te escondas:

amar-te uma só vez todas as vezes
em que sou carne e gesto, e fenecer
como uma voz chamada pelas ondas.

O NAVIO CHEIO DE BANANAS

Paisagem; maresia
azul e bananais!
No porão do navio,
o ouro dos litorais.

Fruto de um paraíso
de mormaço, num alvo
formigueiro de sal
entre negros trapiches.

O horizonte derrama
cal entre as bananeiras.
São roupas de operários,
cantos de lavadeiras.

Como as bananas verdes
à luz de carbureto
logo ficam maduras
quaradas pelo sol

de uma falsa estação,
assim este cargueiro
esplende, no terral,
seu cacheado tesouro.

E o panorama é de ouro
E o dia sabe a sal.

1857-1940

Tomaram seu corpo jovem e o sepultaram
           na terra nativa
mas os tempos se passaram e ficou esquecido
o lugar em que a enterraram.

Como a paisagem era azul em excesso
plantaram canaviais até perto do mar.
Ninguém se lembra mais da moça morta.

VALSA FÚNEBRE DE HERMENGARDA

Eis-me junto à tua sepultura, Hermengarda.
para chorar a tua carne pobre e pura que nenhum de nós
viu apodrecer.

Outros viriam lúcidos e enlutados,
porém eu venho bêbado, Hermengarda, eu venho
[bêbado.
E se amanhã encontrarem a cruz de tua cova jogada
[ao chão
não foi a noite, Hermengarda, nem foi o vento.
Fui eu.

Quis amparar a minha embriaguez à tua cruz
e rolei ao chão onde repousas
coberta de boninas, triste embora.

Eis-me junto à tua cova, Hermengarda,
para chorar o nosso amor de sempre.
Não é a noite, Hermengarda, nem é o vento.
Sou eu.

OS MORCEGOS

Os morcegos se escondem entre as cornijas
da alfândega. Mas onde se escondem os homens,
que contudo voam a vida inteira no escuro,
chocando-se contra as paredes brancas do amor?

A casa de nosso pai era cheia de morcegos
pendentes, como luminárias, dos velhos caibros
que sustentavam o telhado ameaçado pelas chuvas.
"Estes filhos chupam o nosso sangue", suspirava meu pai.

Que homem jogará a primeira pedra nesse mamífero
que, como ele, se nutre do sangue dos outros bichos
(meu irmão! meu irmão!) e, comunitário, exige
o suor do semelhante mesmo na escuridão?

No halo de um seio jovem como a noite
esconde-se o homem; na paina de seu travesseiro, na luz
 do farol
o homem guarda as moedas douradas de seu amor.
Mas o morcego, dormindo como um pêndulo, só guarda
 o dia ofendido.

Ao morrer, nosso pai nos deixou (a mim e a meus oito irmãos)
a sua casa onde à noite chovia pelas telhas quebradas.
Levantamos a hipoteca e conservamos os morcegos.
E entre as nossas paredes eles se debatem: cegos como nós.

O ALVO

Não quero achar o que os outros perderam:
as moedas no chão, os guarda-chuvas
esquecidos nos ônibus, e a vida
deixada por engano sobre o asfalto.
Ao que ninguém viu, aspiro; ao que existiria
em forma de mar e árvore, se a natureza habitual não
irrompesse
com suas sombras e cigarras e cascatas.
Quero, sonho e admiro o inédito
como a noite no caracol de uma escada
contudo perto das constelações se eu pudesse vê-las
de outro planeta.

Não me comove o irretornável nem o tempo caído.
Em jogo descoberto, crio minha emoção
e à janela contemplo a noite formal
e eu mesmo sou ogiva aberta aos grandes astros.
O que se perdeu, vai-se embora, como os anéis
separados das mãos, como a ventania
se afasta das bandeiras no momento das bonanças.
Sono perdido; zonas de transição que serão eternamente
minhas; luz oculta em covil
não me volto para achar-vos. E sempre adiante busco
minha paisagem impor-se nas paliçadas alheias.

ALÉM DO PASSAPORTE

A noite dá a sua lição de universo: as estrelas caem. Suspensas no ar vazio, elas deslizam no céu negro, fulgem rápidas, desintegram-se. Mas esses acidentes celestes não exprimem desordem ou fadiga. Estão inscritos na retórica do cosmo, onde tudo é ordem e rigor.

O tempo é uma mentira das estrelas. Viajante, não sei onde estou, nem mesmo se estou. Na terra desprezada pelo estrondo rouco do jato, as fronteiras voam e os fusos horários zombam da ficção local dos relógios. E, entre o sono e a vigília, contemplo nuvens imensamente brancas no céu escuro, celeiro das estações.

De súbito, surgem debaixo das estrelas as ocasionais constelações terrestres: ilhas criolas, paraísos explosivos que se espraiam, no mar espumoso, como fragmentos de um continente esfarelado.

Banidas as estrelas, a manhã ocupa o céu e o mar. O leve frêmito vertiginoso anuncia que o avião vai descendo de seu abismo às avessas. *Please fasten seat*. Um farol numa ilha e uma gaivota são os primeiros sinais da Terra. E ambos reiteram ao sol pálido o vigor cansativo dos símbolos.

Desembarco e é outono em Nova Iorque.

SONETO NUM CARDÁPIO

Que está no prato? O tempo, que o homem come
misturado a espinafre e carne dura.
Entre o talher e a vida, ele tritura
as horas que temperam sua fome.

Rei de si mesmo, sem vassalo ou nome,
ele mastiga o mundo, e a dentadura
muda o cardápio numa massa escura
que na úmida garganta rola e some.

O homem que come o pão que o diabo amassa
e, quando come se lambuza, e come
gato por lebre, na aventura louca

de tudo reduzir a pesca e caça,
come, para viver, a própria fome,
e, como os peixes, morre pela boca.

CAMA E MESA

No Banheiro do Cego
amamos sobre tábuas duras.
É o amor sem conforto
de dois animais vivos.
Amamos sem lençol
e sem travesseiro.
O sol que ilumina
nossos gestos obscenos
é a luz do candeeiro.
Ó sol de querosene
nos peitos molengos
de uma peniqueira!
Hei de morrer cativo
a esta lenga-lenga
que faz mover o sol
– o sol e as estrelas.
Hei de morrer impuro.
Que sabão lavará
a minha infância suja
que nessa comilança
já hoje se lambuza?
Sou um bicho. E me escondo
numa gruta de Vênus.
Sou como os caranguejos
que afundam na lama

dos mangues. E amo
depressa como os galos.
E relincho na noite
igual aos cavalos.
E amo desengonçado
como todos os homens.
Na cama que é uma mesa
no Banheiro do Cego
mato a minha fome.
Tiro a roupa. E como.

OS PROPRIETÁRIOS

Quando chego, à noite, encontro o gavião
sobrevoando o meu caminho.
As luzes do carro o transtornam, e por um momento
a sua muda indignação paira entre as estacas.
Quem é este intruso que ousa perturbar-me
no meu sono sinuoso ou na vigília perpétua?
E na escuridão busca um novo lugar.

A quem pertence esta terra? Quem é o dono
desta casa fechada, da água e das florestas?
Que cartório registrou a escritura deste ar?
Homem e gavião disputam o mesmo domínio.
Ambos são aves de rapina, voando nas trevas
ou imóveis na entrada da propriedade intocável
que teme o clarão de uma luz importuna.

OS ANDAIMES DO MUNDO

Minha vida é como uma janela aberta sobre a Ásia.

Professo o imaginário e, neste rito,
renasço a contemplar o inexistente
que fulge à luz de meu trópico de água
como essas ilhas fictícias que não se ajustam às horas
triviais dos navegantes.
terras jamais nascidas, horizontes pensados.

Os países são hipóteses de segredos
que aparecem e somem, ante o assombro da Terra.
Imóvel ou caminhando, vejo sempre os polos
com suas chuvas rápidas e suas esfinges entre andaimes,
e principalmente, meus amigos, com essa atmosfera de
última estação
que intriga todos os que nasceram no centro do mundo.

Além de minhas pálpebras, onde o pensamento é de sal
como se uma lágrima o houvera ungido,
haverá um país claro e perfeito, de tão doce desenho
como as pedras femininas da noite.
Ó estátuas solares, caídas ao peso de tantas flechas...
Vejo uma flor, absurda como a vida.

Onde a água dormida canta, em outrora ninhos de coral,
aí eu te verei novamente,
desolada vida, em tudo semelhante aos desertos reais.
Invenção sucessiva de mim mesmo,
ó dias, feras domadas, ó dias de minha vida,
sumidouro onde afundo, incógnito.

O JUMENTO

No alto da crestada ribanceira
pasta o jumento. Seus grandes dentes amarelos
trituram o capim seco que restou
de tanta primavera.
A terra é escura. No céu inteiramente azul
o sol lança os fulgores que aquecem
tomates, alcachofras e berinjelas.
O jumento contempla o dia trêmulo
de tanta claridade
e emite um relincho, seu tributo
à beleza do universo.

NOSSA SENHORA DA CORRENTE

Só Deus e os morcegos habitam
a Igreja de Nossa Senhora da Corrente.
O espírito invisível paira entre os altares
roídos e o vento de Penedo
cega lentamente os olhos dos santos
que os turistas e antiquários não conseguiram roubar.
Deus é barroco. Deus é como os morcegos:
voando à noite entre os espaços estrelados
procura chupar o sangue dos homens
que enegrecem o dia com os seus pecados.

Na abóbada da igreja que o rio às vezes invade
os morcegos escondem o céu alegórico
eternamente sonegado aos pecadores.
O céu negro dos homens! Sob o soalho avariado
os ratos se inclinam à Presença eucarística.
E Nossa Senhora da Corrente, padroeira dos ratos
                    e morcegos,
entre flores de papel e velas fedorentas
compartilha da solidão divina.
Ó Mãe dos homens, que sorri radiosa em seu abandono
como a minha própria mãe, rogai por mim!

O BOMBEIRO

Os vespertinos de hoje divulgam rapidamente a morte do
                    bombeiro João Cristóvão da Silva
ocorrida durante o violento incêndio de ontem.
Nunca mais o veremos em seu carro vermelho
junto a escadas que subiam para o céu e para o fogo.

No Méier, alguém chorará o companheiro morto.

Ele lutava contra o fogo. E amava o perigo.
Salvou crianças, e uma fotografia o surpreendeu sobre
                    um telhado que desabava.
Era o marinheiro do fogo.

No Méier, restará a companheira
que João Cristóvão da Silva acariciava com as suas
                    mãos ainda quentes
de incontáveis incêndios dominados,
um talher curvado sobre o silêncio
e os vespertinos onde se fala
daquele que a morte roubou ao feérico anonimato.

João Cristóvão da Silva, a única vítima do impressionante
                    incêndio de ontem,
evitou que rosas fossem devolvidas pelo fogo à sua
                    presença incriada

e trabalhava imparcialmente, salvando ao mesmo tempo o
　　　　　　　piano e a fruta, os arquivos
　　　　　　　judiciários e as cadeiras de
　　　　　　　balanço.
Purificado pelo fogo e citado pela ordem do dia,
hoje ele é apenas uma composição mineral.

De agora em diante, quando houver incêndios,
haverá no carro vermelho dos bombeiros um lugar vazio.

Em memória desse profissional do fogo ontem desa-
　　　　　　　　　　　　　　　　　　　　[parecido
numa igreja do Méier alguém se ajoelhará
e pedirá a Deus que livre o bombeiro
do outro fogo.

O MONTEPIO

Que herança transmite
o pai a seu filho?
Não lhe deixa casa
ou sombra de apólice
nem tampouco o sujo
de seu colarinho.
Não lhe lega a velha
mala das viagens
nem os seus amores
e as suas bobagens.
E as roupas do pai
que a chuva encolheu
no filho não cabem.
Com pau seco e fogo
o pai de resina
arma o seu legado.
Deixa uma fogueira
que ele fez sozinho
no escuro da mata.
(Borboletas em
seus ombros pousavam.)
E também menino
na pele do vento
solta para o céu
o seu papagaio.

E antes de mudar-se
de suor em musgo
o pai dá ao filho
como pé-de-meia
algo da paisagem
– sobra de pupila,
moeda de lágrimas.
Deixa-lhe o balaio
cheio de apetrechos
e o jeito de andar
com as mãos às costas.
Para o filho, passa
todo o seu cansaço
suas promissórias
e seu olhar baço.
Da árvore do povo
deixa-lhe no sangue
um ramo orvalhado.
Transmite-lhe o grito
de espantado amor
que gritou na praia.
De agrestes gravetos
faz o fogo e esquenta
na palhoça ao vento
a comida fria
de sua marmita.
O pai dá ao filho
o ninho vazio
achado no bosque
e a raposa morta
por sua espingarda.
Dá-lhe a sua anônima
grandeza do nada.

Sua herança é o frio
que sentiu rapaz
quando impaludado.
Dá-lhe a lua imensa
na noite azulada.
Estende-lhe as mãos
sujas de carvão
molhadas de orvalho.
Fala-lhe da dor
que sente nos calos.
Dá-lhe a verde e rubra
pimenteira em flor.
Mostra-lhe o tambor
de salitre e brisa
que rufa sozinho
entre os arquipélagos
de sua pobreza.
Mostra-lhe o cadarço
de espuma no mar
cheio de mariscos.
Ser pai é ensinar
ao filho curioso
o nome de tudo:
bicho e pé de pau.
Que o pai, quando morre,
deixa para o filho
o seu montepio
– tudo o que juntou
de manhã à noite
no batente, dando
duro no trabalho.
Deixa-lhe palavras.

CEMITÉRIO SÃO JOÃO BATISTA

Só os pássaros não sabem
que este lugar é cruel.
Só os mortos ignoram
que este lugar é ridículo.
Dois pombos, num mausoléu,
beijam seus rubros bicos.

SENTIMENTO EUROPEU

Da Europa guardo mais do que a visão
do Tâmisa cativo entre as muralhas
ou do Sena empurrando a primavera
para as fontes do mar, entre as falésias.

Guardo o sol que lavou um monumento,
dos tempos extraindo a intimidade
dum torso nu, da forma necessária
à redenção de minha mão culpada.

Da flora vária, guardo a pertinácia
das estações voltadas contra o dia.
Guardo um ramo de rosas e narcisos
que perfuma, perpétuo, minha vida.

Guardo a lembrança do Oriente-Expresso,
o sono provisório entre fronteiras
e a dinastia das constelações:
Orion, Betelgeuse, Aldebarã...

Um papel branco sobre a mesa nua,
também o guardo, que ele me recorda
o meu quarto em Paris, com seu silêncio,
seu solstício, seu frio, suas nuvens.

De tudo quanto vi, guardo a lembrança
de teu braço no meu! e das paisagens
mudas, porém sonoras como as pedras
que a voz humana, em eco, faz cantar.

E guardo um sentimento do universo
ao contemplar, à noite, o céu girante.

Guardo o teu nome, Europa, sol presente
de todas as janelas do meu quarto.

HORA DE FALAR

Cala-te, boca!
Mas como posso calar
se até as pedras da rua
falam e gritam sem parar?

Que falem até os mudos
e os próprios cegos digam
o que viram sem ver.
E mesmo os surdos contem
os gritos que subiram
da treva à luz do dia.

Se agora os mortos falam
com suas vozes de sangue
e seus corpos sumidos,
que, no coro dos vivos,
ninguém silencie.

A OFENSA DOS HOMENS

Ao pôr do sol
radiosas chagas

amarelas
abrem-se no

céu asséptico
sem anjos

o Potomac
flui entre

cerejeiras
nanicas

a eventual
fumaça que

ofende o céu
de Washington

sobe dos fornos
crematórios

FRONTEIRA SECA

Fui hoje em sonho a São Miguel dos Campos
e vi todos os meus mortos passeando...

Junto ao oceano azul elas voavam,
as abelhas que o mel fazia grávidas.

Expliquei-me à paisagem: sou o neto
de tua filha Laudiceia Plácido.

Da janela do trem imaginário
atravessei os séculos lacustres.

Os caetés, meu povo antigo, estavam
esperando por mim entre os barrancos.

Canaviais e casas de farinha
eram canto, indagados, e cantavam!

E o silêncio do pássaro pousado
no pé-de-pau de meu país natal,

nenhum andante ou voante o conspurcava:
uma alvura de açúcar ou de farinha

habitava nos muros avoengos
e nas louças que as chuvas não lavavam.

Ao nativo lugar onde estivera
só de passagem, breve e sem aviso,

ao derruído estaleiro maternal
eu chegava sonhando, mas da vida

que ainda vive na morte, além dos ossos
e do sangue que em mim se fez paisagem,

eu recebia acenos, vozes, signos
dos ancestrais de Laudiceia Plácido.

Quando passei a ponte sobre o rio
e atravessei a cerca da pastagem

senti nos pés a linha divisória
– era a fronteira seca do passado.

Diante do cemitério, entre os jazigos
desajeitados dos contraparentes,

vi-me morto entre os mortos, vi-me vivo
entre os mortos bebidos pelo vento.

E, perplexo, exclamei: a vida breve
cabe inteira e completa numa pétala!

E na linha de peixes e crustáceos
a tribo desdentada me sorria

num idioma de lágrimas, vedado
ao poder de deslinde dos humanos.

Eu, pastor, vigiava na planície
o radioso rebanho dos meus mortos,

tal nos portos vazios ficam sempre
os navios de nada fundeados.

Suas bocas lacônicas diziam,
consoante e vogal da maresia,

que sonhamos a vida não vivida
pelos mortos: navios encalhados.

Ó eterno retorno! Sol perpétuo
que a viagem transforma em halo puro

nos portalós antigos dos navios
e nos seios dourados dos turboélices.

Meus irmãos caranguejos correm junto
ao jovem mar que os mitos não laceram.

Gritado por gaivotas, sou a vida,
sou o mar, sou o sol e a luz do dia.

Ao chegar hoje a São Miguel dos Campos
tive nas mãos a minha eternidade.

Era um búzio do mar. E no seu talho
o olho cego da vida me espreitava.

Cercado pelos ídolos do mar,
na areia refratária às escrituras,

vi as ideias serem praias puras
e o mito luminoso ser sargaço.

Ó excesso mudado em parcimônia,
tábua nua sobrante de um naufrágio!

Junto ao meu clã, em São Miguel dos Campos,
na pútrida lagoa que recebe

a vaga azul do mar universal,
vejo surgir em pleno dia a estrela

que haverá de caber na minha mão,
com seu peso e fulgor me redimindo.

BOI NA ESPANHA

Neste campo, na Espanha,
vê-se apenas a ossada de um boi.
Nenhuma fonte nem qualquer mar perto.
Tudo é pedra, no deserto puro.
E longe, no horizonte, os verdes olivais
guardam o seu verão para algum boi vivo
que pasta e rumina toda a solidão
de ser um boi na Espanha, nos seus campos duros.

DESCOBERTA DO INEFÁVEL

A Lêda

Sem o sublime, que é o poeta? Sem o inefável,
como pode louvar, não traindo a si mesmo,
a plena e estranha juventude da moça a quem ama?
Que é o poeta, que imita as marés,
sem adquirir com o tempo uma serenidade de coisa
[sempre nua
como se as estrelas estivessem caminhando governadas
[pelo
seu riso
e seus braços agitassem as árvores feridas pelo clarão
[da lua?

Sem que seu canto suba até os céus, sufocante música
[da terra,
que é o poeta?
Libertado estou quando canto. E quero
que minha respiração oriente a vontade das nuvens
e meu pensamento de amor se misture ao horizonte.
Cantando, quero outubro, gosto de lágrima, salsugem,
no instante anterior ao despertar, folha voando.

Sem o inefável, que dura sempre, sem permanecer,
como conseguirei louvar essa moça a quem amo

e que nasce em minha lembrança plena como a noite
e triunfante como uma rosa que durasse eternamente
e não se limitasse à glória de um dia?
Sem o inefável, que valoriza as mãos e faz o Amor voar,
não poderei descer de repente
ao inferno de seu corpo nu.

O sobrenatural ainda existe. E não seremos nós
que alteraremos a indizível ordem das coisas
com as nossas mãos que poderão ficar imóveis
em pleno amor, diante do corpo amado.

É inútil pensar que os anjos morreram
ou se despaisaram, buscando outros lugares.
Eles ainda estão, unidade admirável do Dia e da Noite,
entre as nuvens e as casas em que moramos.

Repentinamente, as vozes da infância nos chamam para
                       a feérica viagem
e lembram que podemos fugir para o longe guardado
                       ainda no sempre.
Então, nossas necessidades não se reduzem apenas a
                       [comer,
              dormir e amar.
Temos necessidade de anjos, para ser homens.
Temos necessidade de anjos, para ser poetas.

Vem, incontável música, e anuncia
(ao poeta e ao homem, humilde unidade)
a ressurreição diária dos anjos.
Restaura em mim a certeza de que a folha voando é seu
                       indomável divertimento
pois às vezes sinto que meu primeiro verso foi mur-
                       [murado talvez,

sem que eu soubesse, por um anjo
perturbado com o meu ar desesperado de papel em
[branco.
Não é a manhã, depositando a semente de alegria no
coração dos homens.
Não é a vida, cântico triunfal descendo sobre as almas.
Não é o poeta, subindo pelos andaimes de carne da
lembrança de uma mulher.
São os anjos, que vieram ligar-nos mais uma vez
à ordem eterna e à anunciação.
Não nos libertaremos jamais desses anjos
feitos de terra e mar, celestes criaturas
que deixam cair em nós o sol da harmonia.

É inútil matar os anjos.
Eles são invisíveis e traiçoeiros.
De repente, quando nos sentimos seguros, já não somos
os consumidores de instantes, e estamos
entre o Dia e a Noite, no umbral
de uma eternidade vigiada pelos anjos.

PRECAUÇÕES INÚTEIS

Quem tapa minha boca
não perde por esperar:
o silêncio de agora
amanhã é voz rouca
de tanto gritar.

Quem tapa meus olhos
nada esconde de mim.
Sei seu nome e seu rosto,
o lugar em que estou,
sua noite sem fim.

Quem tapa meus ouvidos
me faz escutar mais.
Igualei-me às muralhas
e o silêncio mais fundo
guarda o rumor do mundo.

Quem me quer sem memória
erra redondamente.
Lembro-me de tudo
e, cego, surdo e mudo,
até do esquecimento.

E quem me quer defunto
confunde verão e inverno.
Morto, sou insepulto.
Homem, sou sempre vivo.
Povo, sou eterno.

ODE À SUCATA

Guarda a neve que cai em Nova Iorque
e o resíduo da vida que se oculta
no ramo ressequido da nogueira,
e o frio que ilumina a ventania,
e as pálpebras do cego em Central Park.
Entesoura o que o outono desperdiça,
seja granizo ou murcha crisandália.
Fique contigo o que, não sendo dólar,
lucro, custo ou despesa, ninguém guarda:
a ferrugem no fundo do urinol
e o fedor popular nos subterrâneos
quando os homens e os ratos se defrontam
na suja entranha da ilha de Manhattan.
Insone, poupa o sonho não sonhado,
a cinza da limalha, a maçã cega
que resvalou entre o navio e a doca.
Em meio ao desperdício e à abundância,
retém somente o que, de usado ou gasto,
se torna imune à ofensa da intempérie
e, moeda sem efígie, é oferenda
no altar das potestades do desgaste.
Na Madison Avenue ou contemplando,
nas fachadas dementes dos cortiços,
o madeirame podre dos terraços,
reserva para ti o que ninguém

reclama nos perdidos & achados:
chapéus velhos, estúpidas bonecas,
chaves tortas, baralhos incompletos,
as muletas e os óculos quebrados.
Pede o excesso, o sobejo, o rebotalho
queimados pelo gelo sem piedade
na hora em que o fungo se converte em lágrima.
Reivindica a sucata, a sobra exata
da mercenária forma do utensílio
que o vento mercantil corrói no vale.

AS FORMIGAS

Toda vez que anoitece, as tanajuras
me rodeiam e cobrem a terra inteira.
Oferendas de um céu cheio de ganidos,
elas pousam no dorso dos cachorros
e se aquietam nos ninhos, junto aos ovos dos pássaros.

Na tarde transluzente, seguro o estandarte
de uma vida perene, este graveto
onde uma tanajura zumbe e rodopia.
As raposas hão de ouvir sob as estrelas
essa irmã cativa entre a noite e a morte.

Do chão amolecido pelas chuvas
as formigas vieram, como flores
e pássaros dispersos pelo vento.
Na terra há lugar para todos. Nenhuma estaca
impede a aparição de novos formigueiros.

O OLHAR DE DEUS

A escada do bordel range sob nossos pés,
Na poeira do tapete esfiapado
oculta-se o olhar de Deus.
Não somos dignos de ter a altíssima testemunha
na hora em que pecamos.
Melhor fora que nenhum deus nos observasse
                    quando fornicamos
ou quando, após o coito, acendemos
                    um cigarro.

Não somos dignos de piedade.
Melhor fora que Deus não existisse
e vivêssemos todos fora de Seu olhar incômodo.

O VIAJANTE

Saio de Paris para entrar na Itália
Sei agora afinal que a vida não é sonho
e o mundo é um só.
Cavalo bravo, o dia inclina-se e bebe a água
das represas que doam as luzes da terra.

Viajo: tudo é eterno e fabuloso.
Entre Florença e Roma, na linha do universo,
limoeiros florescem.
E a beleza do mundo cai sobre mim e unge-me.
E o céu azul desaba, construção de pássaros.

DOMINGO PELA MANHÃ

Os que dormem neste pequeno cemitério junto à rodovia por onde passam os carros velozes dos que não querem perder os domingos murmuram ao sol: "Além da morte ninguém nos espe-
[rava.
Encontramos afinal a paz definitiva".

OHIO

O céu de Ohio é azul e branco.
A neve de Ohio é azul e branca.

O sol apaga as estrelas caídas sobre os dormentes da ferrovia
por onde passam trens cheios de leite e milho.

Pousado no castanheiro, um pássaro azul
não segrega o seu canto.

AS VELHINHAS DE CHICAGO

Era uma vez duas velhinhas
num restaurante de Chicago
que comiam dois bons churrascos
e entre garfadas conversavam.

Falou a primeira velhinha
ao engolir um gordo naco:
"Eu acho que ainda vou viver
alguns anos neste buraco."

"Nós vamos viver muitos anos
– disse a outra gulosa velhinha –
e aproveitemos nossas vidas
entre churrascos e galinhas."

"Mas nós vamos na frente de
muita gente que conhecemos",
disse a enrugada companheira
chupando um detrito do dente.

Interrompendo um pouco a janta,
suspirou a amiga: "Pois é,
e aqui estamos pondo tantas
delícias nas nossas barrigas".

"Vamos dar de comer aos vermes",
sua parceira comentou
com um riso astuto e escarninho,
tal após um trago de vinho.

"Então pelo menos tornemos
a nossa carne mais macia",
disse a mais sagaz das velhinhas
que ouvi conversando em Chicago.

SONETO COR-DE-ROSA

O meu amor é apenas um dorso
que se deixa dourar pelo cair da tarde.
Só o ar que respiro conhece o tesouro
que guardo, em sigilo, num mundo de alardes.

Quando a alvura da tarde se transmuda
num negror de pentelhos, e a caliça
das estrelas me cega, um delta de betume
numa mulher deitada me enfeitiça.

E a noite, que suprime a forma dos gasômetros
e corrói a carcaça dos navios,
nas galáxias de asfalto finca as paliçadas

que escondem os amantes num horizonte
onde os fogos escorrem como rios
entre a rósea bainha e a ardida espada.

AGÊNCIA CANDELÁRIA

A luz da tarde entra pelas portas de blindex
e ilumina as cédulas acumuladas nos guichês.
É como se fosse o outono, com as suas folhas
                    douradas espalhadas na praça.
A recepcionista sorri como um anjo à porta do Paraíso.
O gerente sussurra ao ouvido de um cliente, e sua
                    mão de rei Midas
se levanta no ar miraculoso.
Os espelhos sucessivos recebem o depósito
dos olhos monetários e ávidas bocas sexuais das
                    dactilógrafas.
As máquinas somam, dividem, multiplicam, subtraem.
Homens somados, divididos, multiplicados e subtraídos
desaparecem nas ruas aleijadas que, na grande
                    tarde bancária,
represam a fritura das lanchonetes.
Ó mundo rumoroso! Os homens são moedas
na cidade manchada por um sol amarelo.

FINISTERRA

Ando na multidão e o meu nome é Ninguém.
Na cidade que cheira a peixe podre
e gasolina e demagogia
pisado pela tarde vou roçando as escamas
das paredes que cosem a minha dor.
Sob este céu vinagre sugado por turbinas
um vômito de cifras me estonteia.
Levo na maresia o meu amor de homem
e ninguém sabe que amo a não ser os cães
que farejam meus passos pelas alamedas.
No auditório do medo o meu fervor responde
a uma estridência de pedras desmoronadas
e nas galerias ouço escorrer
o meu amor de água; e o meu amor de flor
brota nos quiosques pálidos e atravessa
as pedrarias e miçangas do dia enfeitado
de ráfia amarela e branca.
Ó dia, altar dos homens, curral de mármore!
As reses se aproximam tontas do abatedouro
e a sombra do meu querer calcina as calçadas.
Os dias são rufiões ocultos nos balcões
onde ninguém paga os juros de minha alma.
E este amor que me suga enquanto eu sugo
o sumo oculto na gruta insensata
abre uma cratera entre os regos e as rochas

da terra que me nutre em seus peitos de pó.
As paliçadas da incerteza se levantam e isolam as torres
onde se revezam as sentinelas que espiam na treva
a chegada dos pelotões invisíveis.
No caminho entre o viaduto e o motel
vou quando venho... Partida e chegada
são quimeras do horizonte e grasnar de gaivotas
que irritam os burocratas na alfândega.
E caminhando pelo Rio vivo de todos os assombros
rede que na treva encontra um cardume de sardinhas
homem que atrás do sol e da alegria se defronta
com os terraços cinzentos da amargura.
A hora faz uma curva de luz para que eu passe
entre os milionários os padres os lixeiros os palhaços
     e as prostitutas que são os
     meus semelhantes.
Aqui, os bancos são mais belos que as catedrais.
E, cabisbaixos, confiamos aos gerentes os nossos peca-
     [dos:
cobiçamos a mulher do próximo; e sua mansão; e seu
     [escravo;
     e seu iate; e seu boi e jumento;
     e suas debêntures,
     e o sol de sua piscina.
Comungamos nos guichês. E quando a Bolsa cai
nossas almas monetárias tremem.
Entre o terror e o telestar
e a formiga que sobe a escadaria do Ministério da Fa-
     [zenda
sinais luminosos se formam. Ó novo glossário do mun-
     [do!
Adeus ó velhas palavras que não significam nada
e por um momento boiam nas latrinas.

Como os cemitérios de automóveis, os museus
                              guardam a sucata.
A arte de hoje está nos tapumes,
nos cartazes que anunciam liquidificadores.
Ó diálogo das constelações, ó sintaxe planetária!
Com as palavras dementes que aprendi na escola
e gastas como as solas dos sapatos
já não sei cantar o mundo nem dizer meu amor.
E o meu silêncio come um pão cozido
nos fornos da mentira.
Ó dia sem lábios
ó dia cheio de escamas como um peixe
que nada em minha jaula
dize-me que céu guardou o grito de Elpenor!
Onde está a sepultura de Nabucodonosor?
Canta para mim, ó Musa, o varão industrioso Nick
                                              [Carter...
Onde encontrarei todos esses velhos túmulos
com suas lápides partidas e epitáfios
escritos na língua antiga dos mortos?
As trombetas ressoam na esplanada de Elsinor.
Os leões de granito rugem na manhã.
E pisando as palavras amarelas de um outono amarelo
                              como o corpo de Cristo
vou na multidão de boca lacrada.
Sou um homem isolado dos outros homens
que caminham como se já estivessem mortos.
Nos parques de estacionamento a luz da tarde queima
a relva que me separa dos meus irmãos
neste mundo roído pelo terror.
Eles gritam onde eu não posso escutá-los.
E a aurora rói meus punhos iracundos.

E os ratos roem os pulsos de minha alma.
Deitado no horizonte bebo a alvura da noite
que ilumina a fachada dos hospícios.
Ó noite bela como um navio!
Sou o grão
no silo.
Sou o vento
que vem dos subúrbios de urina e querosene
e cega lentamente os olhos das estátuas.
Os gigantes do mundo me perguntam: "Qual é o teu
[nome?"
E respondo: "Eu me chamo Ninguém".
Os gigantes jiboiam nos iates ancorados nas ilhas.
A cólera da vida treme nas calçadas.
E o dia se dissolve, impostura
desfeita no ar reverente. E tu que eras gemido e carne
me segues esvaída em minha saliva.
E como os velhos aviões dormem nos hangares
assim durmo em ti e o silêncio é um triunfo
carente de orvalho. E nenhuma valva se contrai
e os peixes se acumulam nas cestas fétidas
dos supermercados diluídos
no puro pasmo das fornicações.
E a minha vida se descasca como aqueles velhos balcões
abertos em Nova Iorque para o esplendor e a mentira.
Sou o que não cabe no alarido
que da rotunda da Bolsa de Valores
sobe para um céu sem sílabas.
No dia bursátil o suor dos homens se muda em núme-
[ros
mas longe de ti só ouço as palavras roucas
que saem de tua garganta visível para o amor.

Ó mulher, esponja do homem,
ocupas toda a paisagem como um pássaro,
ó sol nu, ó minha égua cargueira,
passeio pelo teu corpo como uma criança num palácio
e sou a luz dos espelhos que iluminam teu dorso.
Vagueio pelas planícies e colinas ao sol-pôr
espantando os pássaros que ondulam em tuas pálpebras
e enxotando arco-íris.
E junto aos tapumes escarlates da tarde
que bloqueia o cansaço dos homens
vou rastejando na terra quebrada
onde o ódio passa a galope, espalhando a morte.
Ó noite dos semáforos e espantalhos e das
                        caranguejeiras ocultas nos trapiches
ó noite dos morcegos que em minha infância sustentavam
                        os estandartes do sonho
as hélices de teus navios carregados de estrelas cruzam
                        os anfiteatros do mar.
Mas onde está a finisterra que nos prometeste, além das ilhas
                idiotas e dos mitos corroídos
                pela maresia?
Como um lustre no teatro quando as luzes se acendem
minha vida inteira estremece ao cair da noite
e ouço na escuridão o cântico de tudo o que parte.

POSTAL DE UMA BATALHA

É aqui, nesta cama, que a guerra começa
Lutam os dois guerreiros
num campo de panos.
Como separar frente e dorso
se todo amor é um espelho?
O róseo obelisco iguala o negro esgoto
na praça quadrilátera.
Dentro do dia, a noite não distingue
macho ou fêmea. E a boca se faz gruta
na selva clara onde dois bichos
se mordem e se lambem.

O MENINO NO JARDIM ZOOLÓGICO

Neste dia coberto de panteras
deslumbrado passeias entre as feras.

O que no mundo é símbolo da selva
respira a flor do dia sobre a relva.

De uma Arca de Noé dispersa no ar
os bichos se acumulam em teu olhar.

Cativas como os homens, eis as feras
que mastigam o feno das quimeras.

Que procura o hipopótamo? O jardim
do paraíso perdido. E o saguim

busca o rosto rupestre do futuro
homem que um dia sujará o muro.

São leves como painas os elefantes
correndo entre as paisagens e os amantes.

O trópico bate asas: papagaio
de algaravia avoenga e verde-gaio.

Onças sonsas e meigas lontras mansas
passeiam pelos olhos das crianças.

O instante abre o seu leque: é a plumagem
da arara oculta em sua própria imagem.

A jiboia jiboia o tempo turvo
digerido entre o pântano e o céu curvo

E o piá aprende a vida, desde os vermes
às sestas dos inermes paquidermes.

A INFÂNCIA REDIMIDA

A alegria, crio-a agora neste poema.

Embora seja trágica e íntima da morte
a vida é um reino – a vida é o nosso reino
não obstante o terror, o êxtase e o milagre.

Como te sonhei, Poesia! não como te sonharam...
Escondo-me no bosque da linguagem, corro em salas
de espelhos.
Estou sempre ao alcance de tudo, cheio de orgulho
porque o Anjo me segue a qualquer parte.

Tenho um ritmo longo demais para louvar-te, Poesia.
Maior, porém, era a beira da praia de minha cidade
onde, menino, inventei navios antes de tê-los visto.
Maior ainda era o mar

diante do qual todas as tardes eu recitava poemas,
festejando-o com os olhos rasos d'água e às vezes
sorrindo de paixão.
porque grande coisa é descobrir-se o mar, vê-lo
existir no mundo.
Ó mar de minha infância, maior que o mar de Homero.
Brinco de esconder-me de Deus, compactuo com as fadas
e com este ar de jogral mantenho querelas com a morte.

Depois do outro lado, há sempre um novo outro lado
a conquistar-se...
Por isso te amo, Poesia, a ti que vens chamar-me
para as califórnias da vida.
Não és senão um sonho de infância, um mar visto
em palavras.

O FERRADOR DE CAVALOS

Em que língua falarei
ao ferrador de cavalos?
Por que, na minha língua
de assombro e vogal,
só falo a mim mesmo
– ao meu nada e ao meu tudo –
e nem sequer disponho
do gesto dos mudos?
Se as palavras morrem
à míngua como os homens
e se o silêncio fala
seu próprio idioma
em que língua direi
ao homem diferente
que ele é meu semelhante
quando o veio ferrar
o casco de um cavalo?
Empunhando o martelo
ele me conta histórias
de cravos perdidos
e cavalos mancos.
Palavras que se perdem
como ferraduras
no caminho do pasto.

OUTONO EM WASHINGTON

Uma chuva de folhas douradas
cai e espanta os esquilos de Washington
que não podem catar suas nozes
sem que não sejam incomodados.

Insólito aguaceiro de dólares
atrapalha as pombas que passeiam
entre os sapatos dos intocáveis
e talvez gripados milionários.

O estrondeio dos aviões a jato
estilhaça nos ares de estanho
os direitos civis dos pardais
em voo do Obelisco ao Potomac.

E o turbilhão de vento e folhagem
crispa a orquídea na loja de flores
entre o Bank of America e a noite
nos abrigos contra a bomba atômica.

Uma tempestade de cornflakes
cai sobre as moças em flor que vão
aos psiquiatras perguntar como
lidar com as máquinas do amor.

Chuva de apartes no Capitólio.
Republicanos e democratas
dão ao foguete chamado Apolo
um prazo para chegar à Lua.

Um anjo de goma e pepsi-cola
faz o pedestre apressar o passo
nas avenidas incandescentes
de olhos de vidro inquebrável e aço.

Na poderosa e marmórea Washington
cheia de templos greco-latinos
só a borracha da noite de outono
apaga as garatujas dos homens.

A TEMPESTADE

Para que os cajueiros possam florir caiu esta chuva
que apagou as estrelas e encharcou os caminhos.
Água e vento derrubaram as cancelas antigas,
quebraram telhas, vergaram árvores, suprimiram cercas,
desalojaram abelhas e marimbondos,
enxotaram os pássaros predatórios,
e o galinheiro é um cemitério de pintos amarelos.

Este é o regimento do mundo: relâmpagos e raios
antes da flor e do fruto.

A NOITE EM AMSTERDAM

O dia é pobre em Amsterdam.
Sua escassa luz clareia
o tempo comercial e marítimo
que vive entre nevoeiros.

Mas eis que os operários descem de bicicleta
trazendo a Noite.
E a cada trem que chega à Central de Amsterdam
uma nova constelação surge no céu holandês.
O cheiro de água domada, que envolve a cidade,
aumenta quando a chuva molha a Kalverstraat.

Com seus canais, suas pontes sobre o Amstel e o Dam,
                    seus navios mais altos que a
                    terra,
Amsterdam é bela.
Diques e muralhas de tulipas protegem do mar
as casas dos homens onde luzes cintilam
de confiança terrestre.

O JOGO DE BILHAR

O choque das bolas de bilhar
lança os pombos no espaço azul
entre o Serrador e o Monroe.
Os que amam à tarde, nos pequenos hotéis suspeitos,
jamais ficam sozinhos: ouvem o giz ranger nos tacos,
o barulho das turbinas no aeroporto
e a imprecação das gaivotas no Aterro.
Lado a lado e suarentos, as nucas apoiadas em
                       travesseiros altos,
os amantes escutam, no ardor da tarde, o sangue nas veias
                       escleurosadas do velho que,
                       num banco do Jardim Público,
                       sonha sempre que é um velho
                       sentado à tarde no Jardim Público.
Os gritos esganiçados dos camelôs sobem pelas
                       fachadas dos edifícios
e os suspiros e metáforas dos amantes se misturam
aos gemidos dos aparelhos de ar refrigerado
e ao súbito vácuo das lixeiras.
Como amar assim, escutando a fermentação dos detritos
                       de aliche
infiltrados nas cáries dos fregueses da lanchonete,
o grito de assassinada da velha atriz

e o crescer dos cílios postiços no salão de beleza?
Manequins estropiados, os amantes se colam.
Seus braços e pernas se entrelaçam
como cordoalhas de amianto.

Quatro horas da tarde no relógio da Mesbla:
as bolas de bilhar se entrechocam
com artigos de cama e mesa
e sóis na relva.

O VOO DOS PÁSSAROS

Os áridos pássaros que mudam as estações
não vieram nunca, embora eu os esperasse.
Acaso falam os homens do que viram?
Silenciosos são os lábios dos homens.
Grito ou palavra de amor não comovem
as pedras empedernidas pelo tempo.

Eram secos pássaros.
E o céu, que é plumagem, crepita.

Nem nos que voam nem nos que permanecem.
Não me demorei sobre nenhum pássaro.
Voando, eram a velha canção da infância morta
para mim, que sempre vi o que não existe
e eternamente verei o que jamais existirá.

Em voo, como os anos, a vida, o tempo...

Nada imaginei que pudesse ser admitido
pelos que não entendem uma teoria de pássaros.

ASILO SANTA LEOPOLDINA

Todos os dias volto a Maceió.
Chego nos navios desaparecidos, nos trens sedentos,
 nos aviões cegos que só
 aterrissam ao anoitecer.
Nos coretos das praças brancas passeiam caranguejos.
Entre as pedras das ruas escorrem rios de açúcar
fluindo docemente dos sacos armazenados nos trapiches
e clareiam o sangue velho dos assassinados.
Assim que desembarco tomo o caminho do hospício.
Na cidade em que meus ancestrais repousam em
 cemitérios marinhos
só os loucos de minha infância continuam vivos e
 à minha espera.
Todos me reconhecem e me saúdam com grunhidos
e gestos obscenos ou espalhafatosos.
Perto, no quartel, a corneta que chia
separa o pôr do sol da noite estrelada.
Os loucos langorosos dançam e cantam entre as grades.
Aleluia! Aleluia! Além da piedade
a ordem do mundo fulge como uma espada.
E o vento do mar oceano enche os meus olhos
 de lágrimas.

SUA PURA AUSÊNCIA

A luz de Macaé. O claro
esplendor diário.
Eu, imóvel, escuto
seu surdo caminhar
ao sol de Macaé
assim que o dia nasce.

Sua pura ausência
que um frêmito de rosa
não ousa perturbar
translucidamente
emigra no mar
e me sobressalta.

Um peixe na praia,
a areia, o vento
no amplo litoral.
Seguindo seus passos
estremeço um instante
sem espanto e sem dor.

O amor me fez imóvel
na saudade sem pranto.
Em Macaé, alguém
caminha por mim
ao sol recebendo
o meu chamamento.

MINHA TERRA

Minha pátria é onde os goiamuns
pressentindo o cair da noite
buscam as locas entre os mangues.

No meu país palustre
o peso das chuvas encurva os cajueiros
e o sol calcina lágrimas.

E uma espinha de carapeba
arranha a louça do dia
que a língua do mar lambe.

Entre casas de marimbondos
e caranguejeiras imóveis
a tarde me iluminava.

Eu soletrava a ferrugem
de navios sem nome que a lama
das lagoas mastigava.

Eu percorria as galáxias.
Fagulhas de estrelas caíam
nos coqueirais do tifo.

No chão das ilhas pegajosas
um planetário búzio avariado
guardava o aroma do mundo.

Minha pátria é a água negra
– a doce água cheia de miasmas –
dos estaleiros apodrecidos.

(Na cozinha, a boca alugada,
soprando carvões, fazia nascer
o fogo do dia.)

Quando eu estava dormindo
e chovia no meu sonho, nos vales
caíam trombas-d'água.

A manhã raiante se manchava
do sangue escuro da raposa
morta no chão memorável.

Minha terra é o novo caminho
que o homem abriu sem querer
no capim à beira do arrozal.

Entre lagartos e caga-sebos
vi as horas caírem sobre as cercas
que afrontavam os relâmpagos.

Foi na infância que aprendi a ver-te,
ó sol que me ilumina. E um arco-íris
abriu-se entre arraias no céu pálido.

Foi na infância que aprendi a amar-te,
fêmea, que o meu espanto confundia
com as caranguejeiras.

No meu país de podres arquipélagos
um cardápio de barro sempre espera
meus irmãos opilados.

E, nos monturos, homens e urubus,
na lei da livre concorrência, ganham
o pão que Deus amassa.

De cima das dunas eu via o mundo:
escória azul ao longe,
mar curvo de navios.

Como o universo era belíssimo!
A nuvem que roçava os trapiches
fulgia no celeiro das águas.

No fim dos trilhos da Great Western
entre balduínas sedentas
e dormentes cravados na água

o branco farol de minha terra
clareava jaqueiras acocoradas
sempre grávidas como as lavadeiras.

Vindo das ilhas inacabadas
nunca aprendi a separar
o que é da terra e o que é da água.

Sempre juntei no mesmo prato
as espinhas dos meus peixes
e o sobejo dos meus sonhos.

ADVERTÊNCIA A UM GAVIÃO

O gavião sobrevoa
a plantação de tomate.
Meu irmão gavião,
eu não aceito a morte.
Na partilha do mundo
não estarei ao teu lado.
Jamais admitirei
a usurpação do dia.
Só sei enfileirar-me
no cortejo da vida.
Meu caminho me leva
à floresta onde fluem
as fontes escondidas.
Mesmo longe adivinho
uma árvore que tenha
frescor de fruto ou ninho
Gavião! Gavião!
embaixador do não,
o céu não pode ser
sepultura de pássaros.

AS ROSAS VERMELHAS

Dar-lhe-ei rosas, somente rosas, apenas rosas
vermelhas. Nada mais suprirá o nosso velho amor
senão rosas purpúreas
como o longínquo gosto de sangue de seus lábios
martirizados.
Pois entre os seios dela há lugar ainda para uma
terceira flor
silenciosa de tanta inexcedível espera.

Tivesse o Rio milhões de rosas esta manhã
e todas, mesmo as entreabertas, seriam dela
e em verdade seria muito pouco para tão grande
sonho de rosas.

Outros darão à mulher amada ramalhetes de zínias,
petúnias, lírios, azaleias e outras flores afortunadas.
Eu darei apenas rosas, somente rosas rubras,
única e exclusivamente rosas escarlates.

Uma coisa é amar-se uma mulher. Outra, dar-lhe rosas
vermelhas. Uma coisa é o amor, outra é a homenagem
ao objeto desse amor que prescinde de rosas.
Urge porém ao amante ser coerente ao sonho de
acrescentar o supérfluo
ao necessário

e dar rosas – milhões de rosas – a uma mulher
                    que perguntará
transtornada diante de inúmeras flores ao seu redor:
– Para que tantas rosas, tantas rosas vermelhas?

UM BRASILEIRO EM PARIS

Virei-me para ver a intrusa
na própria fonte dos postais
e vi a musa horizontal,
ela somente, e nada mais.

Não quis subir, ó Torre Eiffel,
ao teu aéreo pavimento
e ver surgir a feminina
cidade na proa do vento.

Filha da linha da viagem
era aquela tarde em Paris.
A muda matilha das águas
levava as pinturas do dia.

Festa na mesa do horizonte
eis a paisagem que eu fitava:
pontas de estrela, arcos e flora
postos na terra, entre as estátuas.

Da fonte vazada nos ares
manava o presente maduro
e o exílio de agora lançava
a sombra do exílio futuro.

Submissa às nutrizes celestes,
a luz, metáfora do dia,
desfez-se no ar. Diante de mim
suprimira-se a alegria.

Do real à metamorfose,
caminho de inversa magia,
eu chegara e fora, e restava
o silêncio, severo guia.

Forma vazia do vazio,
sem povoação de palavras,
eu me seguia, como um rio
segue o rio, oculto nas águas.

Era o céu a pura estrutura
do nada, perfeito em si mesmo,
e a terra a figura de um jogo
que me fixava, imóvel, a esmo.

A sombra da tarde cobria
a minha aventura domada,
fera inativa que buscava
a selva na jaula fechada.

A minha vida era infinita
junto às portas de ouro da tarde.
Do silêncio, insensato guia,
restava eu mesmo, sem alarde.

NUM HOTEL DA LAPA

Entre sem bater. O carpete desbotado
bebia os nossos passos cautelosos
quando subimos a escada
sinuosa como o desejo
a espinha de peixe que entalava a nossa carne.
No lençol branco uma pequena mancha.
Era como se um exército por ali tivesse passado,
deixando um sinal que os nossos olhos recolhiam
um breve sinal de vitória na guerra longa que
antecede a morte.

A RAINHA DA TARDE

Interrogo a terra
Responde a camélia
com sua fragrância
entranhada em pedra.
Interrogo o amor.
Fala o seio nu,
minha estrela eterna
suspensa na treva.
Interrogo a chuva.
E a resposta pende,
surdo candelabro,
em lábios de musgo.
Aos sapos que moram
no úmido crepúsculo
e aos céus que devoram
os nossos resíduos,
a tudo o que é coisa
ou forma vivente
oculta em couraça
ou véu transparente
pergunto e respondo.
E escondo o segredo
numa vagem úmida.
Do que se pergunta,
do que se responde,

só há de restar
teu riso exultante,
minha doce e branca
rainha da tarde,
tesouro guardado
em sua bainha.

CRISTO EM SÃO PAULO

Na noite de Natal
quando os sinos tocavam
vi Cristo caminhando
numa rua em São Paulo.
Na hora em que nascia
era já homem feito
trazendo do seu berço
a solidão e a morte.
O vento branco e frio
sussurrava um segredo:
– Como a vida era breve
para os homens e deuses,
um suspiro de Cristo
exalado na treva!
E carregando a Cruz
Jesus ia sozinho
caminho do Calvário.
Ninguém o acompanhava.
Luminoso rumor
de uma noite de festa.
Jesus estremecia.
Como a noite era fria!
E a boca do metrô
dentro do nevoeiro
engoliu os seus passos.

O AMANHECER DAS CRIATURAS

O dia forma-se
de quase nada:
um seio nu
por entre pálpebras,

o sol que raia
e a luz acesa
no arranha-céu
que a aurora lava.

A mão incerta
deixa na rósea
carne dormida
o gesto equívoco.

Tudo é lilá
na luminosa
e vã partilha.

No dia imenso
nascem tesouros:
curvos, redondos.

O pão à porta,
depois o leite,
e o erguer dos corpos.

SONETO DAS ALTURAS

As minhas esquivanças vão no vento
alto do céu, para um lugar sombrio
onde me punge o descontentamento
que no mar não deságua, nem no rio.

Às mudanças me fio, sempre atento
ao que muda e perece, e ardente e frio,
e novamente ardente é no momento
em que luz o desejo, poldro em cio.

Meu corpo nada quer, mas a minh'alma
em fogos de amplidão deseja tudo
o que ultrapassa o humano entendimento.

E embora nada atinja, não se acalma
e, sendo alma, transpõe meu corpo mudo,
e aos céus pede o inefável e não o vento.

A VISITA DO LENHADOR

Abres a porta e entras.
Trazes o frio do mundo
das folhas caídas no chão
da lama e do estrume unidos
no fundo da tarde escurecida.
Trazes o cheiro das madeiras
molhadas pelas chuvas repetidas
e o silêncio das colmeias abandonadas
pelas abelhas migradoras.
E o frio que trazes aquece a cozinha
como se fosse uma fogueira.

AS ILUMINAÇÕES

Desabo em ti como um bando de pássaros.
E tudo é amor, é magia, é cabala.
Teu corpo é belo como a luz da terra
na divisão perfeita do equinócio.

Soma do céu gasto entre dois hangares,
és a altura de tudo e serpenteias
no fabuloso chão esponsalício.

Muda-se a noite em dia porque existes,
feminina e total entre os meus braços,
como dois mundos gêmeos num só astro.

NUMA RUELA DA CINELÂNDIA

Numa ruela da Cinelândia
– futura ruína de um mundo
que será pedra e capim –
arfa o caminhão de lixo
entre engraxates sonolentos
e barbeiros de rostos esverdeados.
A aurora rompeu fétida
fora do calendário divino.
Um vômito de luz lívida
ilumina potes de creme
e madeixas de manequins.
Nos pratos sujos dos restaurantes
que entesouram lagostas glaciais
a noite é um refém:
à passagem dos astros estremecem
migalhas encalhadas na louça florida
Nos quartos dos hotéis
que sugam a paisagem de tergal
os viajantes das pequenas cidades
tentam tocar seios de atrizes
que são olhos de peixes congelados
ou sonhos gerados pelos carvões
da noite dos cinemas; ou cartazes
pálidos dos teatros de rebolado.
E os pombos bebem a luz
da água cega e pura
que escorre nas sarjetas.

SETEMBRO EM ROMA

Duas fogueiras ardem enlaçadas
e iluminam um céu de panos.
Tigre de primavera, corres para mim
com tua úmida aleluia
e um sol negro me cobre, um solstício em sigilo.

Assim é a juventude e teu corpo é romano.

SONETO DO EMPINADOR
DE PAPAGAIO

A nada aceito, exceto a eternidade,
nesta viagem ambígua que me leva
ao altar absoluto que, na treva,
espera pela minha inanidade.

O que sonhei, menino, hoje é verdade
de alva estação que em meu silêncio neva
o inverno de uma fábula primeva
que foi sol, cego à própria claridade.

Na hora do fim de tudo, separados
fiquem os dois comparsas do destino
que sabe a cinza após o último alento.

E a morte guarde em cova os injuriados
despojos do homem feito; que o menino
empina o papagaio, vive ao vento.

O PORTÃO

O portão fica aberto o dia inteiro,
mas à noite eu mesmo vou fechá-lo.
Não espero nenhum visitante noturno
a não ser o ladrão que salta o muro dos sonhos.
A noite é tão silenciosa que me faz escutar
o nascimento dos mananciais nas florestas.
Minha cama branca como a Via-Láctea
é breve para mim na noite negra.
Ocupo todo o espaço do mundo: Minha mão desatenta
derruba uma estrela e enxota um morcego.
O bater de meu coração intriga as corujas
que, nos ramos dos cedros, ruminam o enigma
do dia e da noite paridos pelas águas.
No meu sonho de pedra fico imóvel e viajo.
Sou o vento que apalpa as alcachofras
e enferruja os arreios pendurados no estábulo.
Sou a formiga que, guiada pelas constelações,
respira os perfumes da terra e do oceano.
Um homem que sonha é tudo o que não é:
o mar que os navios avariaram,
o silvo negro do trem entre fogueiras,
a mancha que escurece o tambor de querosene.
Se antes de dormir fecho o meu portão
no sonho ele se abre. E quem não veio de dia
pisando as folhas secas dos eucaliptos

vem de noite e conhece o caminho, igual aos mortos
que todavia jamais vieram, mas sabem onde estou
– coberto por uma mortalha, como todos os que sonham
e se agitam na escuridão, e gritam as palavras
que fugiram do dicionário e foram respirar o ar da
                             noite que cheira a jasmim
e ao doce esterco fermentado.
Os visitantes indesejáveis atravessam as portas
                             trancadas
e as persianas que filtram a passagem da brisa
e me rodeiam.
Ó mistério do mundo! Nenhum cadeado fecha o
                             portão da noite.
Foi em vão que ao anoitecer pensei em dormir sozinho
protegido pelo arame farpado que cerca as minhas
                                               [terras
e pelos meus cães que sonham de olhos abertos.
À noite, uma simples aragem destrói os muros dos homens.
Embora o meu portão vá amanhecer fechado,
sei que alguém o abriu no silêncio da noite,
e assistiu no escuro ao meu sono inquieto.

SONETO À NADADORA

A meus olhos terrestres, teu sorriso,
enquanto existes, fruta de esplendor,
não se assemelha às ondas, mas à flor
pelo acaso deposta onde é preciso.

Entendes o equinócio, no indiviso
sulco de luz dormida. E é meu temor
que te desgaste o sol, com seu fulgor
persuasivo e sonoro como um riso.

o verde condenável das piscinas
no cântico braçal desenha os prantos
que a noite oferta à fímbria de teus cílios.

Conformada às marés, como as ondinas,
dás a manhã aos céus, e os acalantos
de teus pés frios soam como idílios.

A JANELA SEM TRAVES

O que os aviadores veem
a três mil metros de altura
o que os mineiros veem
derrubando árvores de cristal
o que os escafandristas veem
dentro do mar, pisando a terra como quem pisa uma flor,
o que o cego vê quando está caminhando
o que as crianças julgam ver dormindo
o que o sonâmbulos veem, ante uma pia gotejando,
o que se vê quando o amor é um abraço
o que se vê e o que não se vê
é o que estou vendo agora
como se em tua mão houvesse uma moeda
de coroa escondida
e no céu os lados ocultos dos planetas se revelassem.

Vejo o mundo com os olhos feridos pelas estrelas
e os pulsos queimados pelas estações.
No quarto em que durmo, ouço o rumor de antípodas
                            acordados
e trópicos resvalam, perpendicularmente, sobre minhas
                            pálpebras
quando há sol apenas no meu sono.

Durmo no centro do universo, e minha inocência é
[enorme
Como o jovem amante escravizado à hidráulica de um
corpo nu
assisto ao movimento das estrelas e à correria das
[nuvens
e meu espírito festeja este mundo infinito, que jamais se
iniciou e jamais terminará,
este mundo de que o universo à noite contemplado é
uma poeira
como um dia que chorasse nos ombros dos séculos.

O que os vivos veem e não esquecem
o que todo homem lembra, a vida inteira,
é o que estou vendo neste instante.

À DOCE SOMBRA DOS CANCIONEIROS

À doce sombra dos cancioneiros
em plena juventude encontro abrigo.
Estou farto do tempo, e não consigo
cantar solenemente os derradeiros

versos de minha vida, que os primeiros
foram cantados já, mas sem o antigo
acento de pureza ou de perigo
de eternos cantos, nunca passageiros.

Sôbolos rios que cantando vão
a lírica imortal do degredado
que, estando em Babilônia, quer Sião,

Irei, levando uma mulher comigo,
e serei, mergulhado no passado,
cada vez mais moderno e mais antigo.

NO LARANJAL

Atravesso a eternidade inteira
para colher-te no laranjal.
fêmea deitada, fruta, frugal
refeição em bandeja de linho.

Além das terrestres estações,
feminina savana sonora,
outras guardas, que eu posso ver a hora
no rugoso sol de tua axila.

Não resiste a dourada laranja
à mão e ao olhar: muda-se em sumo
que escorre na garganta, no rumo
das alquimias dos intestinos.

Embora comida, continuas.
Em teus gomos os sucos renascem
mesmo que as eternidades passem
levando o pomar do panorama.

PRIMEIRA LIÇÃO

Na escola primária
Ivo viu a uva
e aprendeu a ler.

Ao ficar rapaz
Ivo viu a Eva
e aprendeu a amar.

E sendo homem feito
Ivo viu o mundo
seus comes e bebes.

Um dia num muro
Ivo soletrou
a lição da plebe.

E aprendeu a ver.
Ivo viu a ave?
Ivo viu o ovo?

Na nova cartilha
Ivo viu a greve
Ivo viu o povo.

A CHUVA SOBRE A CIDADE

Chove sobre a cidade
e a chuva inunda o asfalto, difunde o desastre e o
desencontro
e procura abater as palmeiras que do fim da tarde
queriam apenas – graça plena – as estrelas.
Os trovões reboam, espantando os pássaros
que vieram refugiar-se no meu quarto.
Os relâmpagos, fotógrafos do absoluto, iluminam
as pessoas que passam
– são outros rostos, minha irmã, são as faces
revoltadas porque as divindades impossibilitaram os
idílios,
a chegada pontual a uma casa, o já adiado trespasse
com o inefável.

As sarjetas recebem finalmente a Poesia. Como são belos
e nítidos os barcos de papel
que navegam buscando os reinos fantásticos, os
inacessíveis!

A chuva tem uma canção. Jamais uma elegia
para saudar sua gentileza. Jamais uma ode,
um himeneu, uma écloga deploratória.

Meu irmão, deixa que a goteira molhe tuas últimas poesias. Pouco importa que amanhã te reconcilies com os grandes temas poéticos. O amanhã é inconsumível. A chuva te ensina a ser invariável sem se repetir.

A ETERNIDADE PREMEDITADA

Isto será a eternidade:
um incessante subir de escadas.

E sempre estarás no começo da escadaria
muito embora todos os dias sejam degraus

Deus, por que fizeste a eternidade?
Por que nos obrigas a subir tantas escadas?

ESTAÇÃO DE TRATAMENTO

A gaivota
sobrevoa
o semáforo.

Nenhum rumor de água.
Nenhum frêmito de alga.

Apenas os esgotos
lançam no leve oceano
o sigilo da vida.

A MOEDA ENFERRUJADA

Esta moeda não vale mais nada
Não adiantou tê-la guardado durante tantos anos,
    escondendo-a da marcha das
    constelações e do avanço da
    hera que cobriu o muro de
    pedra.
No silêncio, ela não prosperou.
O vento da noite entrou pelas frinchas das portas,
    janelas e telhas quebradas e
    ofendeu a efígie de César.
A ferrugem enegreceu as armas do Estado.
Os que mandaram cunhá-la morreram longe do povo em
    mansões indevassáveis
e mesmo depois de mortos tiveram direito a uma
    guarda de segurança
que os protegesse do clamor insensato.

O tempo não multiplica o que o homem
contra o homem subtrai.
Na boca silenciada, o sangue permanece vivo
e escorre para sempre da efígie
que nenhuma ferrugem haverá de cobrir.

O USURPADOR

Quando te amo, procuro tua forma.
Mesmo na volúpia, quero ser guiado
pela escultura exata.

Fêmea atônita, não sentirás jamais
o peso imenso do amor
sobre o teu ventre branco.

Usurpei o dia e suas estrelas.
Escondi-me em tua claridade.
Ó amor da forma, meu verdadeiro amor.

A VOLTA

Agora que te foste é que me vens
mais visível que nunca.
Olhas-me tão de perto que estremeço.
Na tua mão não trazes o brinquedo.
Nem mesmo vindo de tão longe,
de acima de todas as estrelas, do surdo espaço sem
anjos,
resgatas a velha dívida
anotada numa álgebra de cinza.
E foi preciso que atravessasses velozmente os céus
plausíveis,
cruzando os aquedutos do Invisível e praças onde
não rufam os populares
tambores da vida,
para regressares assim, sem guarda-pó, no claro dia
que a noite não sonega,
e com a espantosa novidade de que ainda estás vivo
com os teus óculos, tua calva e tua pasta.
Eu pensava que os mortos não voltassem
e contudo aqui estás, radioso e pobre.
Que vens bisbilhotar, velho curioso? Que queres dizer-
-me humildemente,
tu que te transubstanciaste, em tanto e em nada
e riste da mentira dos abismos?
E por que puseste a tua melhor roupa

se não vais sair mais aos domingos, e apenas ressurges
como um clarão no dia calcinado?
Tu, que nada deixaste, voltas cheio de tudo
e sorris para mim com as tuas mãos vazias.
Retornas de surpresa. Igualzinho quando
chegavas de tuas pequenas viagens
e era como se houvesses percorrido o mundo.
Eu sabia que não mudarias. Morte nenhuma
te faria intocável, intransitivo e abstrato.
Por isso vens, e logo te reconheço
como se, invisível e cansado, voltasses para casa.
Com que pressa voltaste, e como tens
tantas horas marcadas!

A tua aparição me deixa encabulado.
Não esperava a tua visita. Julgava-te bem longe,
entre bosques de sal, lá onde a dor não alcança
e ninguém sente frio no perpétuo inverno.
Mas o importante é que voltaste, desfazendo
o equívoco de crer no sumiço dos mortos.
E enquanto me contemplas, leio nos teus olhos
o intangível legado de teu duro
amor sem lágrimas.

RETRATO DE UMA SENHORA

Todas as manhãs, ao acordar, ela enrubescia. Lembrava-se da sua rendição aos prestígios da Noite, essa velha inimiga dos castos e prudentes.

Aos poucos, o espelho devolvia a sua imagem diurna. Abria as janelas do quarto e o sol, ao caminhar ao seu encontro, ia apagando lentamente as cicatrizes que a escuridão havia deixado em seu corpo. Mas, mesmo tornada uma virtuosa figura da claridade, ela sabia, ao atravessar o dia belo e imóvel como um manequim, que no céu azul se escondia a armadilha das trevas. E quando a Noite voltasse, triunfante, ela assumiria mais uma vez a dignidade das cadelas no cio.

E, como todas as mulheres, seria rumor e oferenda.

A ORIGEM DO SAL

Ao sul, o mar
surge entre as angras.
A noite cai.

E os cata-ventos
vão convertendo
toda a paisagem

em sal, em sal.

SONETO DA AURORA

Quando a aurora se for, não mais seremos
o que ora somos, entre a Noite e o Dia,
cegos contempladores da magia
que no aquário da noite surpreendemos;

somos flamas do instante, e em luz ardemos
presos eternamente ao que seria
o amor em nossos corpos, alegria
do perpétuo horizonte em que nascemos.

Das carolas do céu extraio a ardente
forma de redenção cativo à hora
em que ao puro lilá fui entregar-me.

Que somos nós senão a eternidade?
O amor transfigurou-se como a aurora
e se extinguiu após enfeitiçar-me.

O CATA-VENTO

Eu me escondia atrás das persianas. E o dia fechava os olhos como as jovens suicidas em seus leitos de mormaço. Nos meus sonhos as pedras imperturbáveis feriam os dedos de quem tentasse tocá-las. E eu circulava entre a duna e o mar, no espaço não atingido pelo bolor da vida.

Menino, eu caminhava ao lado de minha eternidade e de sua ferida gotejava a morte. Na minha cidade natal, entre homens vestidos de branco e cães cegos e leprosos que acompanhavam docemente os mendigos, o mar me interrogava. E eu soletrava o dia que rangia como um cata-vento.

A TARTARUGA

A tartaruga leva um dia imenso
em seu puro passeio solitário;
sustenta a carapaça do universo
no silêncio das presas vagarosas.

No horizonte ondulante, ela procura
a noite umedecida dos quelônios
há milênios perdida no dilúvio
que dispersou seus lentos ancestrais.

Ela persegue o fim do labirinto
numa jaula invisível, e é redondo
o céu verde do zoo, que cega as feras.

E riem-se as crianças, vendo-a, lerda,
no apressado universo, e soltam mundos:
balões azuis bebidos pelo espaço.

O PASSARINHO MORTO

A santidade do mundo me aparece
sob a forma assustada de um esquilo
que me contempla entre arbustos.
Devo esta aparição ao deus que me criou
e me faz notar o miúdo e o insólito.
A poeira na asa da borboleta
é a chuva radiosa.
Abaixo-me e agarro o passarinho morto
que nem a neve soube guardar.
Por que o mataste, ó deus do frio
que, na noite de Nova Iorque, une homem e mulher?
Como uma formiga, espero que o comboio passe
para atravessar
os trilhos sangrados pela ferrugem.
E, cristaleiro, amo o que o tempo fez
sem que fosse preciso ferir ou insultar:
vaga na prancha podre de um navio
ou o fulgir de um diamante.
A essa forma de perfeição, luminosa e fria,
é que aspiro às vezes quando, no banco de um parque,
vejo um passarinho morto
ou, homem, sou o esquilo que os esquilos
vêm olhar com surpresa.
Aos céus que guardam o granizo e a saraiva
peço isenção de selo funerário.

Mas como esse deus mouco me ouviria?
Com seus olhos vazados, de que modo
me enxergaria? E as folhas caem, desbotadas, e o outono
é vento e podridão.

SONETO DO CAIS PHAROUX

Se alguém me espera no galpão do mar,
que me ame antes que eu parta e o cumprimente.
Ter a morte ao meu lado, ou frente a frente,
fora melhor que ter de o esperar.

Partiria de mim, sem me voltar,
ao descobrir-me nesse amor ardente
que alguém que não me aguarda, suavemente
haveria de dar-me, ao me encontrar.

Sem que nos conhecêssemos, tivemos
esse encontro marcado junto ao mar,
no convés de um navio que partisse.

Mesmo que em tempo algum nos encontremos,
tenho os olhos eternos de fitar
seu perfil tão distante, se existisse.

PRIMAVERA EM LONDRES

I

Não sei se foi um pássaro
ou um avião a jato
que vi no céu de Londres.
O vento do Tâmisa,
cacto de abril nos ares,
soprando, proclamava,
que a primavera exata
não seria jamais
a irmã gêmea da Páscoa.
Muito acima de nós,
na fronteira de som
que o homem ultrapassa
ou na ave estupefata
que atravessa a fuligem
destes céus de fumaça,
reside a primavera,
aérea irmã daquela
que hoje estava comigo
num quarto em Gloucester Place.
Coito de maravilhas!
Asilo da manhã!
Antes do avião a jato,
o pássaro das ilhas

pousou, primaveril,
num ramo – ramo de árvore.
E ao meu tempo aderiu
sua breve plumagem,
o impulso de seu corpo,
flecha de carne e canto,
entre duas viagens.

II

Das estampas sonoras
de Londres guardarei
o aguaceiro caído
em Picadilly Circus
e o domingo no parque
sentado como um rei
e o labirinto em marcha
das ruas que se cruzam
entre leques de névoa.
Muito mais guardarei
de Londres, que é imensa
embora coisa alguma
em verdade pertença
a mim que nada tenho
a não ser a paisagem
do universo total
onde as grandes cidades
se juntam, convocadas
pelo estranho edital
que Deus no céu publica.
Guardarei muito mais:
teu riso, primavera,
que sem rumor transpõe

as fronteiras do som.
Guardarei muito menos:
e no monte onde um pássaro,
cativo em negro ninho,
jamais de mim se esconde,
a fiel primavera
que não se encontra em Londres.

SUMÁRIO

A poesia de Lêdo Ivo, ou uma teoria de pássaros ... 7
Os pobres na estação rodoviária 15
Soneto de abril 17
O navio cheio de bananas 18
1857-1940 19
Valsa fúnebre de Hermengarda 20
Os morcegos 21
O alvo 23
Além do passaporte 24
Soneto num cardápio 25
Cama e mesa 26
Os proprietários 28
Os andaimes do mundo 29
O jumento 31
Nossa Senhora da Corrente 32
O bombeiro 33
O montepio 35
Cemitério São João Batista 38
Sentimento europeu 39
Hora de falar 41
A ofensa dos homens 42
Fronteira seca 43

Boi na Espanha 47
Descoberta do inefável 48
Precauções inúteis 51
Ode à sucata 53
As formigas 55
O olhar de Deus 56
O viajante 57
Domingo pela manhã 58
Ohio 59
As velhinhas de Chicago 60
Soneto cor-de-rosa 62
Agência candelária 63
Finisterra 64
Postal de uma batalha 69
O menino no jardim zoológico 70
A infância redimida 72
O ferrador de cavalos 74
Outono em Washington 75
A tempestade 77
A noite em Amsterdam 78
O jogo de bilhar 79
O voo dos pássaros 81
Asilo Santa Leopoldina 82
Sua pura ausência 83
Minha terra 84
Advertência a um gavião 87
As rosas vermelhas 88
Um brasileiro em Paris 90
Num hotel da Lapa 92
A rainha da tarde 93

Cristo em São Paulo 95
O amanhecer das criaturas 96
Soneto das alturas 97
A visita do lenhador 98
As iluminações 99
Numa ruela da Cinelândia 100
Setembro em Roma 101
Soneto do empinador de papagaio 102
O portão 103
Soneto à r adadora 105
A janela sem traves 106
À doce sombra dos cancioneiros 108
No laranjal 109
Primeira lição 110
A chuva sobre a cidade 111
A eternidade premeditada 113
Estação de tratamento 114
A moeda enferrujada 115
O usurpador 116
A volta 117
Retrato de uma senhora 119
A origem do sal 120
Soneto da aurora 121
O cata-vento 122
A tartaruga 123
O passarinho morto 124
Soneto do cais Pharoux 126
Primavera em Londres 127

Biografia 135

BIOGRAFIA

Lêdo Ivo nasceu em Maceió, Alagoas, em 1924. Fez a sua primeira formação literária no Recife e, em 1943, veio para o Rio. Embora se tenha formado pela Faculdade Nacional de Direito da Universidade do Brasil, preferiu seguir a carreira de jornalista iniciada na província.

Sua estreia foi em 1944, com *As imaginações*, livro de poemas a que se seguiram *Ode e elegia*, *Acontecimento do soneto*, *Ode ao crepúsculo*, *Cântico*, *Linguagem*, *Um brasileiro em Paris*, *Magias*, *Estação Central*, *Finisterra*, *O soldado raso*, *A noite misteriosa*, *Calabar*, *Mar oceano*, *Crepúsculo civil* e *Curral de peixe*.

Como poeta, Lêdo Ivo foi distinguido com o Prêmio Olavo Bilac, da Academia Brasileira de Letras, o Prêmio Luísa Cláudio de Souza, do PEN Club do Brasil, o Prêmio Jabuti, o Prêmio de Poesia da Fundação Cultural do Distrito Federal, o Prêmio Casimiro de Abreu e o Prêmio Cassiano Ricardo, do Clube de Poesia de São Paulo.

Lêdo Ivo pratica também a ficção e o ensaio.

Ao seu romance de estreia, *As alianças* (1947), foi conferido o Prêmio Graça Aranha, e *Ninho de cobras* conquistou o Prêmio Nacional Walmap. Os romances *O caminho sem aventura*, *O sobrinho sem aventura*, *A morte do Brasil*, e o livro de contos *Use a passagem sub-*

terrânea completam a sua produção como ficcionista. É ainda autor de duas histórias infantojuvenis, *O menino da noite* e *O canário azul*.

Entre os seus ensaios, figuram *Ladrão de flor, O universo poético de Raul Pompeia, Poesia observada, Teoria e celebração, A ética da aventura* e *A república de desilusão*. Ao seu livro de crônicas *A cidade e os dias* foi outorgado o Prêmio Carlos de Laet, da Academia Brasileira de Letras. Como memorialista, publicou *Confissões de um poeta*, que mereceu o Prêmio de Memória da Fundação Cultural do Distrito Federal, e *O aluno relapso*.

Seu romance *Ninho de cobras* foi publicado em inglês (*Snakes' nest*) pela editora New Directions, de Nova York, e pela Peter Owen, de Londres. Uma edição dinamarquesa (*Slangeboet*) saiu pela editora Vindrose, de Copenhague. Uma antologia poética, *La imaginaria ventana abierta*, foi publicada no México, e a ela se seguiram *Oda al crepúsculo, Las islas inacabadas* e *Las pistas*. Em Lima, Peru, foi editada outra antologia, *Poemas*. Na Espanha, saiu *La moneda perdida* e, na Holanda, *Poetry*. Na Venezuela, foi publicado *Poemas*, e nos Estados Unidos, a antologia *Landsend*.

Em 1982, Lêdo Ivo foi distinguido com o Prêmio Mário de Andrade, conferido pela Academia Brasiliense de Letras, ao conjunto de sua obra. Em 1986, recebeu o Prêmio Homenagem à Cultura, da Nestlé, pela sua obra poética. Foi eleito o Intelectual do Ano de 1990, recebendo o Troféu Juca Pato.

Pela Global Editora, além deste volume, foram publicados *Melhores contos Lêdo Ivo* e *Um domingo perdido*.

Lêdo Ivo é membro da Academia Brasileira de Letras.

COLEÇÃO MELHORES POEMAS

CASTRO ALVES
Seleção e prefácio de Lêdo Ivo

LÊDO IVO
Seleção e prefácio de Sergio Alves Peixoto

FERREIRA GULLAR
Seleção e prefácio de Alfredo Bosi

MARIO QUINTANA
Seleção e prefácio de Fausto Cunha

CARLOS PENA FILHO
Seleção e prefácio de Edilberto Coutinho

TOMÁS ANTÔNIO GONZAGA
Seleção e prefácio de Alexandre Eulalio

MANUEL BANDEIRA
Seleção e prefácio de Francisco de Assis Barbosa

CECÍLIA MEIRELES
Seleção e prefácio de Maria Fernanda

CARLOS NEJAR
Seleção e prefácio de Léo Gilson Ribeiro

LUÍS DE CAMÕES
Seleção e prefácio de Leodegário A. de Azevedo Filho

GREGÓRIO DE MATOS
Seleção e prefácio de Darcy Damasceno

ÁLVARES DE AZEVEDO
Seleção e prefácio de Antonio Candido

MÁRIO FAUSTINO
Seleção e prefácio de Benedito Nunes

ALPHONSUS DE GUIMARAENS
Seleção e prefácio de Alphonsus de Guimaraens Filho

OLAVO BILAC
Seleção e prefácio de Marisa Lajolo

JOÃO CABRAL DE MELO NETO
Seleção e prefácio de Antonio Carlos Secchin

FERNANDO PESSOA
Seleção e prefácio de Teresa Rita Lopes

AUGUSTO DOS ANJOS
Seleção e prefácio de José Paulo Paes

BOCAGE
Seleção e prefácio de Cleonice Berardinelli

MÁRIO DE ANDRADE
Seleção e prefácio de Gilda de Mello e Souza

PAULO MENDES CAMPOS
Seleção e prefácio de Guilhermino Cesar

LUÍS DELFINO
Seleção e prefácio de Lauro Junkes

GONÇALVES DIAS
Seleção e prefácio de José Carlos Garbuglio

HAROLDO DE CAMPOS
Seleção e prefácio de Inês Oseki-Dépré

GILBERTO MENDONÇA TELES
Seleção e prefácio de Luiz Busatto

GUILHERME DE ALMEIDA
Seleção e prefácio de Carlos Vogt

JORGE DE LIMA
Seleção e prefácio de Gilberto Mendonça Teles

CASIMIRO DE ABREU
Seleção e prefácio de Rubem Braga

MURILO MENDES
Seleção e prefácio de Luciana Stegagno Picchio

PAULO LEMINSKI
Seleção e prefácio de Fred Góes e Álvaro Marins

RAIMUNDO CORREIA
Seleção e prefácio de Telenia Hill

CRUZ E SOUSA
Seleção e prefácio de Flávio Aguiar

DANTE MILANO
Seleção e prefácio de Ivan Junqueira

JOSÉ PAULO PAES
Seleção e prefácio de Davi Arrigucci Jr.

CLÁUDIO MANUEL DA COSTA
Seleção e prefácio de Francisco Iglésias

MACHADO DE ASSIS
Seleção e prefácio de Alexei Bueno

HENRIQUETA LISBOA
Seleção e prefácio de Fábio Lucas

AUGUSTO MEYER
Seleção e prefácio de Tania Franco Carvalhal

RIBEIRO COUTO
Seleção e prefácio de José Almino

RAUL DE LEONI
Seleção e prefácio de Pedro Lyra

ALVARENGA PEIXOTO
Seleção e prefácio de Antonio Arnoni Prado

CASSIANO RICARDO
Seleção e prefácio de Luiza Franco Moreira

BUENO DE RIVERA
Seleção e prefácio de Affonso Romano de Sant'Anna

IVAN JUNQUEIRA
Seleção e prefácio de Ricardo Thomé

CORA CORALINA
Seleção e prefácio de Darcy França Denófrio

ANTERO DE QUENTAL
Seleção e prefácio de Benjamin Abdalla Junior

NAURO MACHADO
Seleção e prefácio de Hildeberto Barbosa Filho

FAGUNDES VARELA
Seleção e prefácio de Antonio Carlos Secchin

CESÁRIO VERDE
Seleção e prefácio de Leyla Perrone-Moisés

FLORBELA ESPANCA
Seleção e prefácio de Zina Bellodi

VICENTE DE CARVALHO
Seleção e prefácio de Cláudio Murilo Leal

PATATIVA DO ASSARÉ
Seleção e prefácio de Cláudio Portella

ALBERTO DA COSTA E SILVA
Seleção e prefácio de André Seffrin

ALBERTO DE OLIVEIRA
Seleção e prefácio de Sânzio de Azevedo

WALMIR AYALA
Seleção e prefácio de Marco Lucchesi

ALPHONSUS DE GUIMARAENS FILHO
Seleção e prefácio de Afonso Henriques Neto

MENOTTI DEL PICCHIA
Seleção e prefácio de Rubens Eduardo Ferreira Frias

ÁLVARO ALVES DE FARIA
Seleção e prefácio de Carlos Felipe Moisés

SOUSÂNDRADE
Seleção e prefácio de Adriano Espínola

LINDOLF BELL
Seleção e prefácio de Péricles Prade

THIAGO DE MELLO
Seleção e prefácio de Marcos Frederico Krüger

ARNALDO ANTUNES
Seleção e prefácio de Noemi Jaffe

ARMANDO FREITAS FILHO
Seleção e prefácio de Heloisa Buarque de Hollanda

LUIZ DE MIRANDA
Seleção e prefácio de Regina Zilbermann

AFFONSO ROMANO DE SANT'ANNA
Seleção e prefácio de Miguel Sanches Neto

MÁRIO DE SÁ-CARNEIRO
Seleção e prefácio de Lucila Nogueira

AUGUSTO FREDERICO SCHMIDT
Seleção e prefácio de Ivan Marques

ALMEIDA GARRET
Seleção e prefácio de Izabel Leal

RUY ESPINHEIRA FILHO
Seleção e prefácio de Sérgio Martagão

COLEÇÃO MELHORES CONTOS

ANÍBAL MACHADO
Seleção e prefácio de Antonio Dimas

LYGIA FAGUNDES TELLES
Seleção e prefácio de Eduardo Portella

BRENO ACCIOLY
Seleção e prefácio de Ricardo Ramos

MARQUES REBELO
Seleção e prefácio de Ary Quintella

MOACYR SCLIAR
Seleção e prefácio de Regina Zilbermann

MACHADO DE ASSIS
Seleção e prefácio de Domício Proença Filho

HERBERTO SALES
Seleção e prefácio de Judith Grossmann

RUBEM BRAGA
Seleção e prefácio de Davi Arrigucci Jr.

LIMA BARRETO
Seleção e prefácio de Francisco de Assis Barbosa

JOÃO ANTÔNIO
Seleção e prefácio de Antônio Hohlfeldt

EÇA DE QUEIRÓS
Seleção e prefácio de Herberto Sales

MÁRIO DE ANDRADE
Seleção e prefácio de Telê Ancona Lopez

LUIZ VILELA
Seleção e prefácio de Wilson Martins

J. J. VEIGA
Seleção e prefácio de J. Aderaldo Castello

JOÃO DO RIO
Seleção e prefácio de Helena Parente Cunha

IGNÁCIO DE LOYOLA BRANDÃO
Seleção e prefácio de Deonísio da Silva

LÊDO IVO
Seleção e prefácio de Afrânio Coutinho

RICARDO RAMOS
Seleção e prefácio de Bella Jozef

MARCOS REY
Seleção e prefácio de Fábio Lucas

SIMÕES LOPES NETO
Seleção e prefácio de Dionísio Toledo

HERMILO BORBA FILHO
Seleção e prefácio de Silvio Roberto de Oliveira

BERNARDO ÉLIS
Seleção e prefácio de Gilberto Mendonça Teles

AUTRAN DOURADO
Seleção e prefácio de João Luiz Lafetá

JOEL SILVEIRA
Seleção e prefácio de Lêdo Ivo

JOÃO ALPHONSUS
Seleção e prefácio de Afonso Henriques Neto

ARTUR AZEVEDO
Seleção e prefácio de Antonio Martins de Araujo

RIBEIRO COUTO
Seleção e prefácio de Alberto Venancio Filho

OSMAN LINS
Seleção e prefácio de Sandra Nitrini

ORÍGENES LESSA
Seleção e prefácio de Glória Pondé

DOMINGOS PELLEGRINI
Seleção e prefácio de Miguel Sanches Neto

CAIO FERNANDO ABREU
Seleção e prefácio de Marcelo Secron Bessa

EDLA VAN STEEN
Seleção e prefácio de Antonio Carlos Secchin

FAUSTO WOLFF
Seleção e prefácio de André Seffrin

AURÉLIO BUARQUE DE HOLANDA
Seleção e prefácio de Luciano Rosa

ALUÍSIO AZEVEDO
Seleção e prefácio de Ubiratan Machado

SALIM MIGUEL
Seleção e prefácio de Regina Dalcastagnè

ARY QUINTELLA
Seleção e prefácio de Monica Rector

HÉLIO PÓLVORA
Seleção e prefácio de André Seffrin

WALMIR AYALA
Seleção e prefácio de Maria da Glória Bordini

HUMBERTO DE CAMPOS*
Seleção e prefácio de Evanildo Bechara

*PRELO

Impresso por :

gráfica e editora
Tel.:11 2769-9056